Publicado por Creative Education
P.O. Box 227, Mankato, Minnesota 56002
Creative Education es una marca editorial de
The Creative Company
www.thecreativecompany.us

Diseño de The Design Lab
Producción de Dana Cheit
Dirección de arte de Rita Marshall
Traducción de TRAVOD, www.travod.com
Impreso en los Estados Unidos de América

Fotografías de Alamy (Don Johnston, robertharding,
Rolf Hicker Photography), Dreamstime
(Miroslav Liska), iStockphoto (Andyworks,
davemhuntphotography, HenkBentlage,
jarenwicklund, NEALITPMCCLIMON), Shutterstock
(Roger Dale Calger, Eric Isselee, Peter Kirillov,
l i g h t p o e t, Zoltan Tarlacz)

Información del Catálogo de publicaciones
de la Biblioteca del Congreso is available under
PCN 2018930671.
ISBN 978-1-64026-101-3 (library binding)

9 8 7 6 5 4 3 2 1

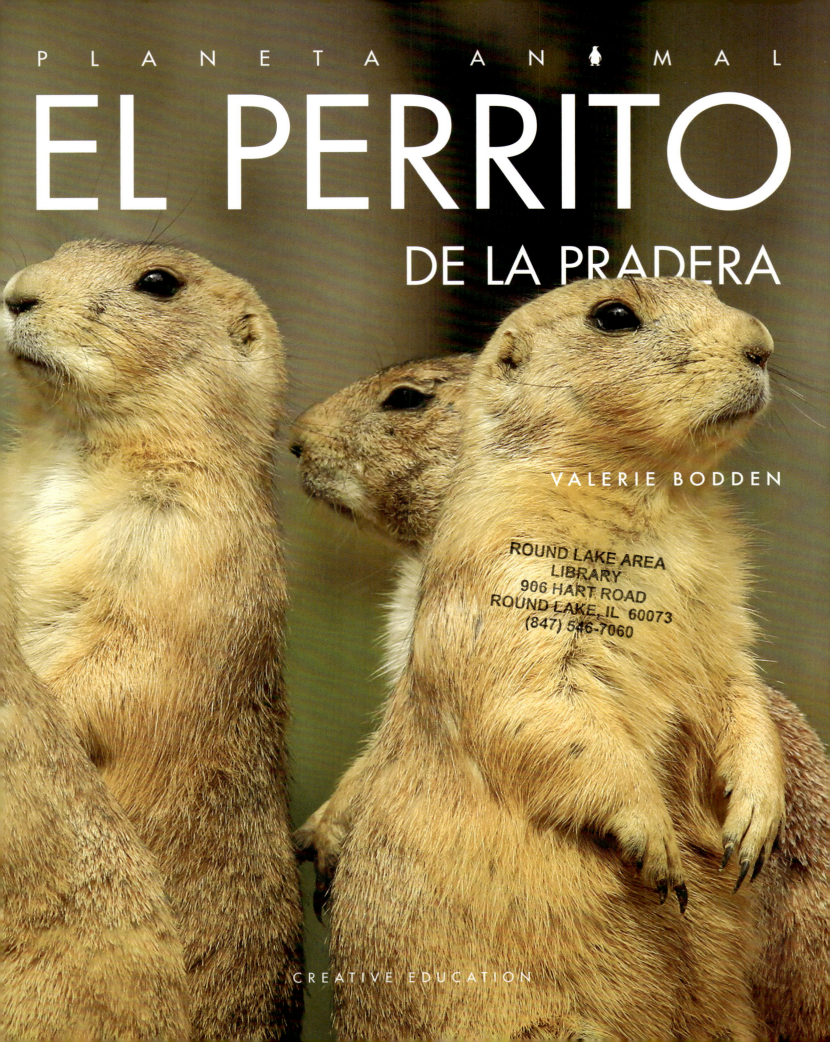

PLANETA ANIMAL

EL PERRITO
DE LA PRADERA

VALERIE BODDEN

CREATIVE EDUCATION

Los perritos de la pradera de cola negra se encuentran desde el sur de Canadá hasta el norte de México

Los perritos de la pradera no son perros. Son **roedores** emparentados con las ardillas. Los primeros exploradores los llamaron perritos de la pradera por los ladridos que dan. Hay cinco tipos de perritos de la pradera.

roedores animales, como las ratas y los ratones, que tienen dientes frontales afilados, pelo o pelaje, y alimentan a sus bebés con leche

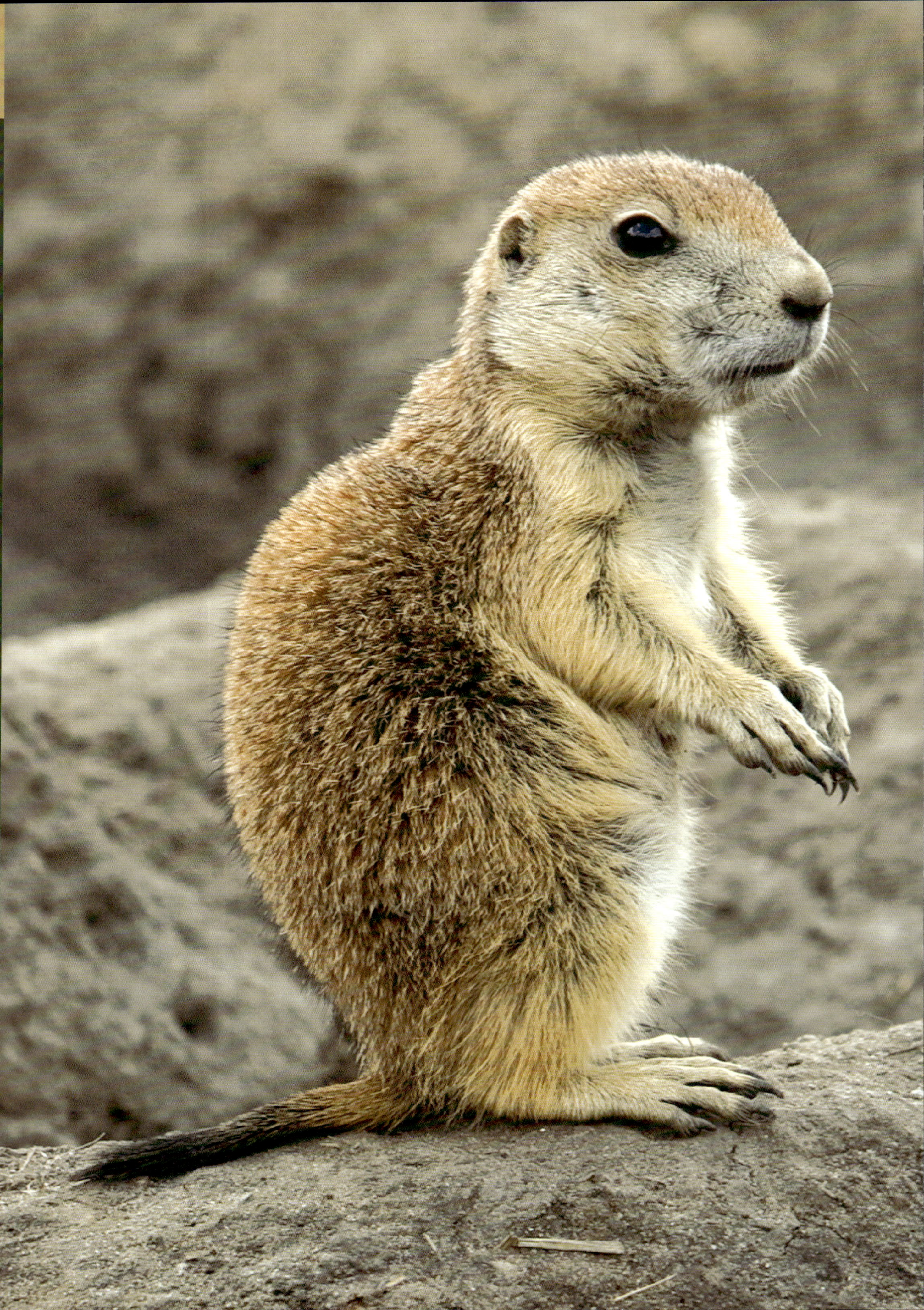

Todos los perritos de la pradera tienen pelaje marrón claro y la cola corta. Algunos tienen una punta blanca en la cola. Otros tienen colas de punta negra. Los perritos de la pradera de patas cortas tienen garras largas y afiladas. Tienen ojos grandes y orejas pequeñas.

Aunque sus orejas sean pequeñas, los perritos de la pradera tienen un excelente oído

La mayoría de los perritos de la pradera miden casi un pie (0.3 m) de largo. Pesan de 1.5 a 3 libras (0.7–1.4 kg). ¡Los perritos de la pradera asustados pueden correr hasta 35 millas (56.3 km) por hora!

Cuando un perrito de la pradera hace un "salto-aullido" (arriba), otros hacen lo mismo

Los perritos de la pradera salen de sus madrigueras durante el día para buscar comida

Los perritos de la pradera viven en las **Grandes Llanuras**. Esta área está cubierta de pastos. Hay pocos árboles en ella. Los perritos de la pradera cavan casas subterráneas llamadas madrigueras. Una madriguera tiene varios cuartos conectadas por túneles.

Grandes Llanuras una gran área de tierra plana en el medio oeste de Norteamérica

LOS perritos de la pradera comen principalmente pastos. También comen flores, hojas y semillas. A veces comen saltamontes o escarabajos.

En primavera y verano, los perritos de la pradera comen más pastos que otras plantas

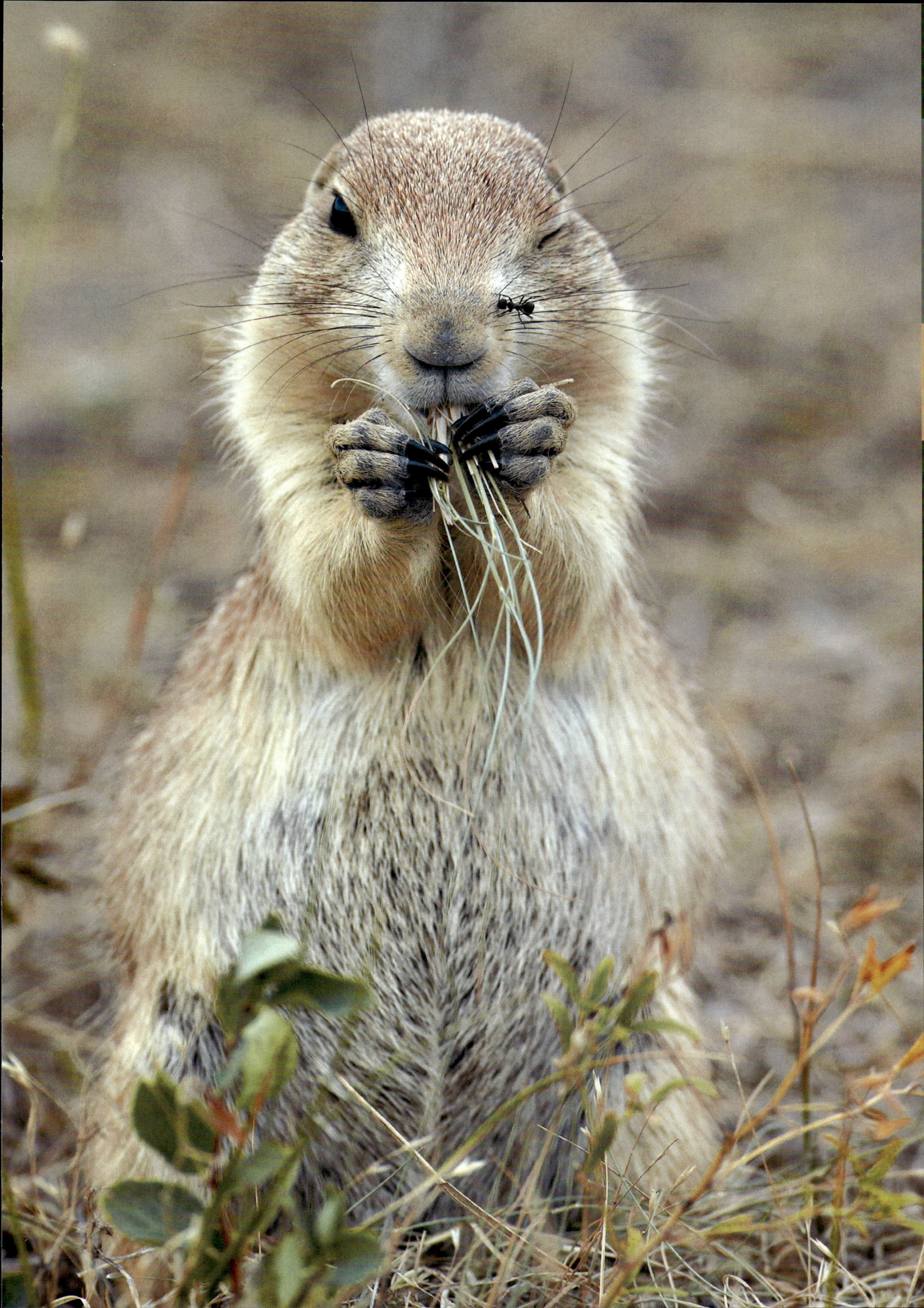

Los cachorros se quedan con su madre hasta que tienen alrededor de 15 meses de edad

Los perritos de la pradera madre dan a luz de tres a cinco **cachorros**. Los cachorros nacen en la madriguera. ¡Son muy pequeñitos! Nacen con los ojos cerrados. Los cachorritos no tienen ningún pelaje. Estos cachorros crecen rápidamente. Cuando tienen seis semanas de edad, salen a explorar fuera de la madriguera.

cachorros bebés de los perritos de la pradera

Los perritos de la pradera viven en comunidades llamadas pueblos. En uno de esos pueblos, ¡pueden vivir cientos de perritos de la pradera! Los perritos de la pradera se saludan tocándose entre sí las narices y los dientes frontales. Los perritos de la pradera de cola negra se **acicalan** unos a otros, también.

acicalar limpiar el pelaje para quitarle la suciedad y los bichos

*Cuando detectan
a un coyote, los
perritos de la
pradera se paran
para verlo*

Algunos perritos de la pradera hacen guardia, mientras que otros comen. Los guardias vigilan a los **depredadores**, tales como los halcones y coyotes. Si ven a uno, dan ladridos de alarma. Otro tipo de llamado avisa a todos que están seguros.

depredadores animales que matan y comen a otros animales

La gente en las Grandes Llanuras ve a los perritos de la pradera en la naturaleza. Otros pueden observarlos en los zoológicos. ¡Es divertido ver a estas pequeñas criaturas regordetas escabullirse!

Otros animales de las planicies dependen de los perritos de la pradera y de sus madrigueras

Una historia de los perritos de las praderas

¿**Por** qué los perritos de la pradera hacen guardia contra los coyotes? Los indios americanos contaban un cuento sobre esto. Una vez, el coyote estaba muy hambriento. Llegó a un pueblo de perritos de la pradera. Les dijo a los perritos que deberían hacer un baile. Les dijo que bailaran con los ojos cerrados. Mientras los perritos de la pradera bailaban, el coyote se comió algunos de ellos. Los otros abrieron sus ojos y tuvieron miedo. Ahora, cada vez que los perritos de la pradera ven a un coyote, lo vigilan atentamente.

Índice